Martin Kaule

Olympiastadion Berlin und Olympisches Dorf Elstal

ORTE DER GESCHICHTE
CH. LINKS VERLAG

Alle aktuellen Fotos, sofern nicht gesondert ausgewiesen, stammen vom Autor. Archiv des Autors: S. 5, 50; Bundesarchiv: S. 7 (183-G00234), 9 (102-07998 / Pahl, Georg), 10 (102-14520 / Pahl, Georg), 16 (102-04492 / Pahl, Georg), 17 (102-17179 / Pahl, Georg), 19 (183-2004-0309-502 / Hoffmann), 29 (146-1988-106-29), 36 (102-17388 / Pahl, Georg), 53 (183-2008-0122-501 / Hoffmann); Marco Criscoulo: S. 44–45; Klaus Mebus: S. 58; Olympia 1936. Band 1. Die Olympischen Winterspiele – Vorschau auf Berlin, Altona 1936: S. 6, 13, 14–15, 57; Olympia 1936, Band 2. Die XI. Olympischen Spiele in Berlin 1936, Altona 1936: S. 20, 23, 26, 32, 39, 56; Organisationskomitee für die XI. Olympiade Berlin 1936 (Amtlicher Bericht): S. 52; Ullstein-Bilderdienst: S. 31; Christopher Volle, Freiburg: vordere Umschlaginnenseite; Zentralblatt der Bauverwaltung 1936 / Ausgabe 32: S. 55 oben

Die Deutsche Nationalbibliothek verzeichnet
diese Publikation in der Deutschen Nationalbibliografie;
detaillierte bibliografische Daten sind im Internet über
www.dnb.de abrufbar.

2., aktualisierte Auflage, November 2019

Schönhauser Allee 36, 10435 Berlin,
Tel.: (030) 44 02 32-0
www.christoph-links-verlag.de;
mail@christoph-links-verlag.de

Umschlaggestaltung vorn unter Verwendung eines Fotos
vom Olympischen Tor, 1936/37 (Bundesarchiv 146-1998-018-25 / Otto Hagemann); hinten: Blick auf das Olympia-Stadion, 2019 (Martin Kaule)
Satz: Agentur Marina Siegemund, Berlin
Lektorat: Dr. Stephan Lahrem, Berlin
Druck und Bindung: Graspo CZ, Tschechien

ISBN 978-3-86153-766-3

Inhaltsverzeichnis

Einleitung 4

Im Zeichen der Spiele:
Olympiastadion und Reichssportfeld 1933–1945 8

Olympiastadion und Reichssportfeld 8
Maifeld 32
Glockenturm mit Langemarckhalle 34
Dietrich-Eckart-Freilichtbühne / Waldbühne 38
Murellenschlucht 40

Aus dem Schatten Hitlers:
Das Olympiagelände seit 1945 42

Hauptquartier der Britischen Streitkräfte 42
Restaurierung und Umbau des Olympiastadions 46
Olympiapark Berlin und Haus des Deutschen Sports 48

Das Olympische Dorf Elstal 50

Quartier der Athleten 50
Sowjetische Garnison 58
Erinnerungsort 60

Chronik 62

Anhang 63

Adressen 63
Literatur 64

Einleitung

Als das Olympiastadion in Berlin 1936 nach knapp zwei Jahren Bauzeit eingeweiht wurde, war es eines der größten und modernsten der Welt. 100 000 Besucher fanden in dem riesigen Oval Platz, und doch war das Stadion nur ein Element – wenn auch das zentrale – auf dem neuen Reichssportfeld: Die Arena nahm gerade einmal fünf Prozent des gesamten Areals ein, auf dem sich mit dem Maifeld noch ein Aufmarschplatz, weitere Sportstätten – unter anderem ein Schwimm-, ein Tennis- und ein Hockeystadion – sowie eine Freilichtbühne befanden.

Mit seinen gewaltigen Ausmaßen gehörten Olympiastadion und Reichssportfeld in die Reihe gigantomanischer, nationalsozialistischer Bauprojekte, die damals in Angriff genommen wurden – man denke nur an das Reichsparteitagsgelände in Nürnberg oder das Bauprogramm für die Ordensburgen, das in der Eifel, in Pommern und im Allgäu Monumentalbauten für die Formung des Führungsnachwuchses der NSDAP entstehen ließ, ganz zu schweigen von den glücklicherweise niemals realisierten Umbauplänen Berlins zur künftigen »Welthauptstadt Germania«.

Wie auch die anderen Anlagen sollte das Olympiagelände vom Herrschaftsanspruch des Nationalsozialismus künden.

Die Idee, die Olympischen Spiele nach Deutschland zu holen, stammte noch aus der Zeit vor dem Ersten Weltkrieg. 1912 hatten deutsche Sportfunktionäre das Internationale Olympische Komitee (IOC) davon überzeugen können, die seit ihrer Neubegründung 1896 in Athen alle vier Jahre an unterschiedlichen Orten stattfindenden Olympischen Spiele nach Berlin zu vergeben. Ihre

Austragung 1916 machte der Erste Weltkrieg zunichte, und da man Deutschland danach als Hauptschuldigen für den Krieg ansah, durften deutsche Sportler erst 1928 wieder an einer Olympiade teilnehmen. Nach mehr als einem Jahrzehnt des Friedens gab das IOC 1931 dem erneuten Werben der Deutschen nach: Sowohl die Sommerspiele als auch die inzwischen ebenfalls alle vier Jahre ausgetragenen Olympischen Winterspiele sollten 1936 in Deutschland stattfinden: in Berlin bzw. in Garmisch-Partenkirchen.

Über diese Entscheidung waren nach der »Machtergreifung« der Nationalsozialisten Anfang 1933 zunächst beide Seiten nicht mehr glücklich. Das rassistische NS-Regime nicht, weil in ihm die Idee eines völkerverständigenden Sportfestes keinen Platz hatte; das

Die zentralen Sportstätten auf dem Reichssportfeld: Olympia- und Schwimmstadion, 1936

Werbeplakat für die Olympischen Sommerspiele in Berlin 1936

Ausland nicht, nachdem die Nazis sofort nach der Machtübernahme mit der Diskriminierung und Verfolgung von Juden und politisch Andersdenkenden begonnen hatten. Doch schon bald entdeckten die neuen Herren in Deutschland die propagandistischen Möglichkeiten, die mit einem solchen sportlichen Großereignis verbunden waren. Wenn sie es geschickt anstellten, konnten sie die Leistungsfähigkeit der Deutschen, ihr Organisationstalent und ihre enorme Wirtschaftskraft unter Beweis stellen und sich zugleich vor den Augen der Weltöffentlichkeit – gegen alle Boykottaufrufe – als friedliebendes und weltoffenes Regime präsentieren.

Von diesem Moment an ließen die Nationalsozialisten nichts unversucht, die Olympischen Spiele im eigenen Land als gewaltige Machtdemonstration und Propagandaschau zu inszenieren. Sie sollten größer, spektakulärer und pompöser sein als alles bisher Gesehene; das betraf nicht zuletzt die Architektur der Sportstätten. Damit verbunden war eine Pervertierung des olympischen Gedankens: Sport sollte nicht länger als friedlicher Wettkampf, sondern als körperliche Ertüchtigung für den Ernstfall, für den Krieg verstanden werden. Das kam ebenfalls in der Gestaltung

Einmarsch der deutschen Athleten ins Olympische Dorf, 30. Juli 1936; an der Spitze (Mitte) der »Reichssportführer« Hans von Tschammer und Osten

des Reichssportfeldes – insbesondere mit der Errichtung der Langemarckhalle am Maifeld – zum Ausdruck, dessen weitere militärische Nutzung von Anfang an ebenso geplant war wie die des Olympischen Dorfes in Elstal, in dem die Athleten während der Spiele wohnten.

Beide Anlagen, auch wenn sie teils noch mit nationalsozialistischer Form- und Symbolsprache versehen sind, stehen heute unter Denkmalschutz. An ihnen und ihrer Geschichte lässt sich viel über die Propaganda und den Herrschaftsanspruch des NS-Regimes erfahren. Sich mit den inzwischen wieder alltäglich genutzten Bauten kritisch auseinanderzusetzen, dazu möge dieses Buch beitragen.

Im Zeichen der Spiele: Olympiastadion und Reichssportfeld 1933 – 1945

Olympiastadion und Reichssportfeld

Von der Pferderennbahn zur Wettkampfstätte

Die Geschichte des Olympiastadions und der Sportstätten auf dem Areal des heutigen Olympiaparks Berlin reicht mehr als 100 Jahre zurück. Den Anfang machte die 1909 eröffnete Pferderennbahn Grunewald am westlichen Rand der damals noch eigenständigen Stadt Charlottenburg. In ihrem Innenraum sollte eigentlich zeitgleich ein Stadion entstehen, doch war dessen Finanzierung erst gesichert, nachdem das Internationale Olympische Komitee (IOC) am 4. Juli 1912 Berlin als Austragungsort der Olympischen Sommerspiele 1916 bestimmt hatte.

Nun wurde dort unter Hochdruck in nur 200 Tagen Bauzeit das Deutsche Stadion errichtet, eine komplexe, für viele Sportarten nutzbare Anlage. Ihr Zentrum bildete ein Fußballfeld, umgeben von einer 600-Meter-Aschenbahn und einer 666 Meter langen Radrennbahn; daran angrenzend noch ein 100-Meter-Becken. Auf den umlaufenden Tribünen fanden bis zu 33 000 Zuschauer Platz, die damals nur durch einen Fußgängertunnel unterhalb der Pferderennbahn ins Stadion gelangen konnten. Der verantwortliche Architekt Otto March, dessen Söhne Werner und Walter zwei Jahrzehnte später mit den Umbauarbeiten zum Reichssportfeld beginnen sollten, hat die feierliche Einweihung der Sportstätte im Juni 1913 nicht mehr erlebt, da er wenige Wochen zuvor verstorben war.

Protestkundgebung »Zehn Jahre Versailler Vertrag« im Deutschen Stadion vor 50 000 Zuschauern, Berlin, Juni 1929

Aufgrund des Ersten Weltkriegs fanden die Olympischen Sommerspiele 1916 in Berlin nicht statt – auch wenn sie offiziell nie abgesagt wurden. Stattdessen diente das Deutsche Stadion im Krieg zeitweise als Lazarett, später gelegentlich als Austragungsort von sportlichen Wettkämpfen, den sogenannten Kriegsmeisterschaften. In den 1920er Jahren lockten wieder zahlreiche Sportveranstaltungen, etwa Länderspiele der deutschen Fußballnationalmannschaft, die Massen ins Stadion, aber auch politische Großereignisse wie der zentrale Festakt zum 80. Geburtstag des Reichspräsidenten Paul von Hindenburg am 2. Oktober 1927.

1927 begannen auch die Arbeiten am Sportforum. Dieser Komplex nördlich des Stadions entstand nach Plänen der Brüder Walter und Werner March (→ S. 13) und sollte die Hochschule

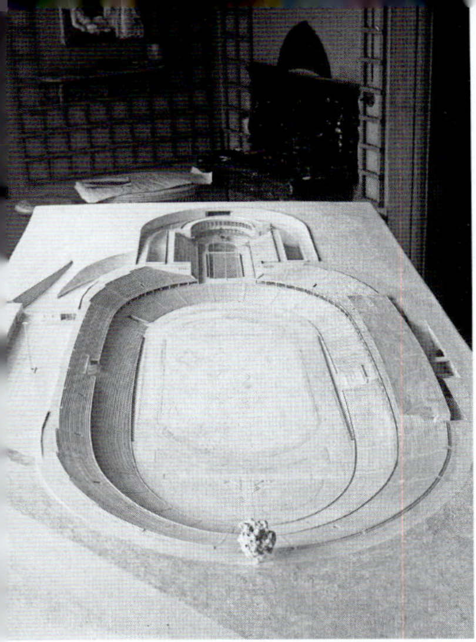

Erster Entwurf von Werner March für das Olympiastadion auf Basis des Deutschen Stadions; Modell, April 1933

für Leibesübungen beherbergen. Im Zentrum stand das Haus des deutschen Sports mit einem imposanten Kuppelsaal, flankiert von einer Turn- und einer Schwimmhalle, an das sich der Adlerplatz sowie das Friesenhaus samt Friesenhof anschlossen. Die Bauarbeiten am Sportforum wurden aus finanziellen Gründen 1929 eingestellt, das Ensemble dann im Zuge der Neukonzeption des Reichssportfeldes in die Olympiaanlagen integriert.

Als sich das IOC am 13. Mai 1931 entschloss, die Sommerspiele erneut nach Berlin zu vergeben, begannen Planungen, das Deutsche Stadion für das Großereignis 1936 umzubauen und zu erweitern. Die Radrennbahn sollte zurückgebaut und das Spielfeld tiefer im Boden versenkt werden, damit dann knapp 80 000 Zuschauer den sportlichen Wettkämpfen beiwohnen konnten. Fußballfeld und Laufbahn sollten die international üblichen Maße erhalten. Mit der Konzeption für die erforderlichen Baumaßnahmen am Stadion und den umliegenden Anlagen wurde der Architekt Werner March betraut, der mit seinem Bruder schon das Sportforum entworfen hatte.

Doch mit dem Machtantritt der Nationalsozialisten 1933 änderte sich die Situation grundlegend. Zuerst zeigten die neuen Machthaber zwar wenig Interesse an der Durchführung der Spiele, da die olympische Idee mit der NS-Ideologie nicht zu vereinbaren war. Aber nachdem sie das propagandistische Potenzial der Olympiade entdeckt hatten, machte Adolf Hitler sie zur Chefsache. Er kannte das Deutsche Stadion noch von einer Wahlkampfveranstaltung, auf der er am 27. Juli 1932 zum Abschluss seines »Deutschlandfluges« aufgetreten war. Nun, im Oktober 1933, ließ er sich die Umbaupläne vor Ort erläutern – und verwarf sie. Sie kamen ihm viel zu bescheiden vor, also verfügte er den Abriss des Stadions und befahl einen imposanten Neubau, der den Herrschaftsanspruch des Regimes unterstreichen sollte. Auf einer Fläche von 131 Hektar sollte ein Reichssportfeld mit unterschiedlichen Sportstätten entstehen, auf dem bis zu einer halben Million Zuschauer die verschiedenen Wettkämpfe und Veranstaltungen verfolgen konnten. Das Reichssportfeld mit all seinen Anlagen, von Adolf Hitler zum ersten architektonischen Großprojekt des »Dritten Reiches« auserkoren, wurde zur damals größten Sport- und Wettkampfstätte der Welt.

Obwohl Hitler die reinen Umbaupläne des alten Stadions verworfen hatte, blieb Werner March der federführende Architekt beim Olympia-Projekt. In seinen »Erinnerungen« schrieb Albert Speer nach dem Krieg, dass man ihn an die Seite Marchs gestellt habe, um Hitlers bauliche Visionen umzusetzen. Ob es wirklich zu einer Zusammenarbeit gekommen ist und wie intensiv sie war, ist bis heute umstritten.

Ende 1933 unterbreitete Werner March Adolf Hitler in der Reichskanzlei die neuen Planungen zum zukünftigen Reichssportfeld. In diesen waren ein neues Stadion für 100 000 Zuschauer, ein

Schwimmstadion mit 6000 Plätzen, ein riesiger Aufmarschplatz samt Tribüne und Führerloge, eine Radrennbahn, ein Eishockeystadion, eine Freilichtbühne mit 35 000 Plätzen sowie weitere Sportanlagen vorgesehen. Die einzelnen Komponenten ordnete March in verschiedenen Varianten an und legte diese dem »Führer« vor. Letztlich entschied sich Hitler für die Version, bei der der Glockenturm, das Aufmarschfeld und das Stadion die Hauptachse bildeten (→ S. 14).
Obwohl damit die grundsätzliche Entscheidung gefallen war, liefen die Bauarbeiten zuerst nur schleppend an, sodass später die verlorene Zeit durch Akkordarbeit und eine Erhöhung der Zahl der an der Olympiabaustelle beschäftigten Arbeiter von 1500 auf 2600 wieder eingeholt werden musste. Bei einer der ersten Arbeitsbeschaffungsmaßnahmen des »Dritten Reiches« wurden vornehmlich Firmen aus Berlin und dem Umland engagiert, die wiederum – wie es im Bürokratendeutsch, aber unmissverständlich hieß – »nur wirtschaftsfriedliche Arbeiter deutscher Staatsangehörigkeit arischer Abstammung« beschäftigen durften. Gearbeitet wurde zumeist in zwei Schichten von Sonnenauf- bis Sonnenuntergang.
Eine besondere Herausforderung stellte die Beschaffung von Unmengen an Baumaterial für das gewaltige, knapp 300 Meter lange, 230 Meter breite und 16 Meter hohe Stadion dar, das von einem Wandelgang mit 136 Pfeilern umgeben war. Während der Unterbau des Stadions in Stahlbetonbauweise errichtet wurde, sollten alle sichtbaren Bauteile aus Naturstein sein. Natursteine in der erforderlichen Menge zu bekommen stellte die Bauleitung vor große Probleme, schließlich konkurrierte man mit noch anderen inzwischen angelaufenen Großprojekten des NS-Regimes wie

Werner March (1894–1976)

Nach dem Abitur studierte Werner March – wie zuvor sein Vater Otto – ab 1912 Architektur. Bei Ausbruch des Ersten Weltkriegs meldete sich March freiwillig zum Kriegsdienst. Mit Ende des Krieges als Offizier entlassen, nahm er sofort sein Architekturstudium in Berlin wieder auf, das er mit Auszeichnung bereits ein Jahr später abschloss. Gemeinsam mit seinem jüngeren Bruder Walter, ebenfalls Architekt, entwarf er 1926 das Deutsche Sportforum (→ S. 9 f.), das ab 1927 gebaut und später im Rahmen der Vorbereitung der Olympischen Sommerspiele 1936 in das Gesamtensemble des Reichssportfeldes integriert wurde.

Werner March, 1936

Während Walter March zunehmend auf Distanz zu den Nationalsozialisten ging und 1939 in die Vereinigten Staaten emigrierte, wurde Werner March, der am 1. Mai 1933 in die NSDAP eingetreten war, hauptverantwortlich für die Konzeption des Reichssportfeldes samt Olympiastadion. Am Zweiten Weltkrieg nahm Werner March als Stabsoffizier teil, wurde aber immer wieder zur Betreuung von Bauprojekten freigestellt, bis er 1944 in Frankreich in Kriegsgefangenschaft geriet.

Nach dem Krieg verdiente er als freier Architekt seinen Lebensunterhalt und erhielt 1953 einen Lehrstuhl an der TU Berlin. 1961/62 war Werner March maßgeblich am Wiederaufbau des Glockenturms (→ S. 34, 37) beteiligt. Die Umbauarbeiten an »seinem« Olympiastadion Ende der 1960er Jahre betrachtete er sehr kritisch. Für die Olympischen Sommerspiele in München 1972 reichte er bei der Ausschreibung für das Olympiastadion einen Entwurf ein, der jedoch nicht ausgewählt wurde.

Gesamtplan des Reichssportfeldes, 1936

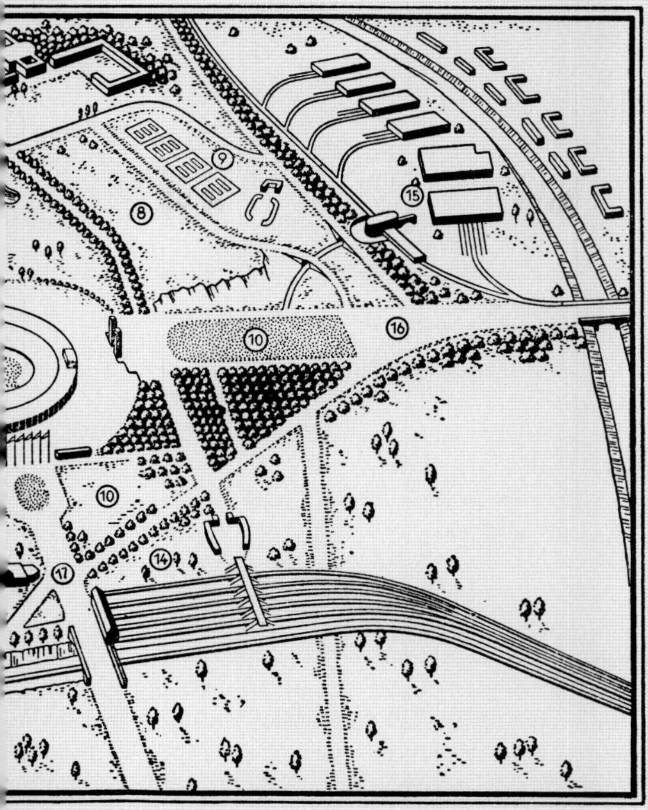
8
9
10
10
14
15
16
17

Baustelle Olympiastadion, 9. Mai 1935

etwa dem Reichsparteitagsgelände in Nürnberg um knappe Ressourcen.

Der ursprünglich veranschlagte Finanzrahmen von acht Millionen Reichsmark für das Olympiastadion war bald schon überschritten, sodass neue Geldquellen erschlossen werden mussten. Letztlich sprang Mitte 1935 die deutsche Wirtschaft mit einem Förderfonds ein. Wie hoch die Baukosten für das gesamte Areal waren, lässt sich bis heute nicht exakt beziffern. Hatte der Bau des Deutschen Stadions noch mit knapp zwei Millionen Reichsmark zu Buche geschlagen, wurden bei der neuen Arena – einer Hochrechnung des Reichsfinanzministeriums aus dem Jahr 1935 zufolge – mindestens 27 Millionen Reichsmark verbaut. Hitler selbst sprach während eines Vortrages am 12. April 1942 von 77 Millionen Reichsmark, aber auch diese Angabe ist nicht zu verifizieren. Vermutlich lagen die Baukosten zwischen den beiden genannten Summen.

Wenige Wochen vor der Eröffnung der Olympischen Sommerspiele wurden sowohl die Sportstätten als auch die Unterkünfte

Bauarbeiten am Glockenturm; im Hintergrund das Olympiastadion, Oktober 1935

für die Athleten im Olympischen Dorf in Elstal (→ S. 50) fertiggestellt. Nun erhielt das Stadion, das zuvor stets als »Deutsche Kampfbahn« bezeichnet worden war, von Adolf Hitler die offizielle Bezeichnung »Olympiastadion«.

Zum Reichssportfeld gehörten weitere Sportanlagen wie etwa ein neues Schwimmstadion mit 18 500 Zuschauerplätzen, ein Hockeyplatz, das Maifeld (→ S. 32), der Glockenturm (→ S. 34) und eine Freilichtbühne, die den Namen von Hitlers frühem Weggefährten und zeitweiligen Mentor Dietrich Eckart trug (→ S. 38). Weithin sichtbar waren neben dem Glockenturm auch die beiden je 36 Meter hohen Türme des Olympischen Tors (Preußenturm und Bayernturm), zwischen denen das Wahrzeichen der Olympischen Spiele, die fünf verbundenen Ringe, hingen. Direkt vor dem Tor befand sich der imposante Olympische Platz, der während der Veranstaltungen als Parkplatz für bis zu 10 000 Fahrzeuge diente. Bereits während des Ausbaus des Deutschen Stadions war das Areal an das öffentliche Nahverkehrsnetz mit einem U- und einem S-Bahnhof angeschlossen worden.

Die gescheiterte Boykottbewegung

Nach der »Machtergreifung« der Nationalsozialisten Anfang 1933 wurden schon bald erste Rufe laut, die Olympischen Sommerspiele 1936 zu boykottieren. Grund dafür waren die offene Diskriminierung der Juden und die Verfolgung politisch Andersdenkender, die schon im Frühjahr 1933 einsetzten. Die vor allem in den USA starke Boykottbewegung wurde sowohl von Intellektuellen und Gewerkschaftsorganisationen als auch von prominenten Sportlern sowie Sportverbänden getragen.

Mit viel diplomatischem Geschick und letztlich leeren Versprechungen gelang es den international bekannten und geschätzten Führungspersönlichkeiten des nationalen Organisationskomitees (OK) Theodor Lewald (Mitglied im IOC und Präsident des OK) und Carl Diem (Generalsekretär des OK), die bereits an den Vorbereitungen für die Sommerspiele 1916 beteiligt gewesen waren, die internationale Öffentlichkeit zu besänftigen. Sie schienen persönlich dafür zu bürgen, dass die Nationalsozialisten keinen Einfluss auf Planung und Durchführung der Spiele nehmen würden, und ließen sich doch willfährig von den Machthabern als Aushängeschild benutzen, um endlich ihren Traum von Olympischen Spielen in Berlin zu verwirklichen.

Eine mehr als zwiespältige Rolle spielte auch der US-amerikanische Sportfunktionär und spätere Präsident des IOC Avery Brundage. Er war maßgeblich dafür verantwortlich, dass die USA – allen Boykottaufrufen zum Trotz – eine Mannschaft nach Berlin schickten. Brundage war 1934 nach Deutschland gereist und hatte dort Gespräche mit deutschen Funktionären geführt und dabei den Eindruck gewonnen, dass jüdische Sportler nicht von den Spielen ausgeschlossen seien. Brundage gab sich damit zufrieden. Als dann die Nationalsozialisten 1935 mit den »Nürnberger Rassegesetzen« den deutschen Juden ihre staatsbürgerlichen Grundrechte nahmen und jüdische Sportler damit auch de facto von der Teilnahme an den Olympischen Spielen ausschlossen, war das ein klarer Bruch mit der olympischen Idee von einem völkerverbindenden, friedlichen Wettstreit der Nationen. Aber erneut sorgte Brundage dafür, dass der wiedererstarkten Boykottbewegung kein Erfolg beschieden war. Im Dezem-

Sie hatten alles dafür getan, dass die Olympischen Spiele trotz aller Boykottaufrufe stattfinden konnten: (v. l. n. r.) der Berliner Oberbürgermeister Dr. Julius Lippert, der Präsident des Amerikanischen Olympischen Komitees Avery Brundage und der Präsident des Organisationskomitees Theodor Lewald, Berlin, 24. Juli 1936.

ber 1935 stimmte der zuständige US-amerikanische Sportverband auf Brundages Betreiben mit 58 zu 56 Stimmen für die Teilnahme der USA an den Spielen.

Mit der Entscheidung der US-Amerikaner brach die Boykottfront endgültig zusammen. Auch eine geplante Gegenveranstaltung – die »Volksolympiade« –, die vom 19. bis 26. Juli 1936 in Barcelona stattfinden sollte, kam nicht zustande. Sie musste wegen des Beginns des Spanischen Bürgerkriegs abgesagt werden.

IIA-19356

Die Olympischen Sommerspiele 1936: Sportereignis und Propagandaspektakel

Nachdem die Sportstätten fristgerecht vollendet worden waren und auch die Aufrufe zum Boykott ungehört verklungen waren, stand den XI. Olympischen Sommerspielen nichts mehr entgegen. Sie wurden am Nachmittag des 1. August 1936 im Berliner Olympiastadion durch Adolf Hitler in Anwesenheit von Vertretern des IOC eröffnet. Zuvor hatten IOC-Mitglieder noch an einer Kranzniederlegung am Ehrenmal für die deutschen Kriegstoten Unter den Linden teilgenommen, und Hitler hatte die Weihestätte in der Langemarckhalle vor dem Olympiastadion (→ S. 34) aufgesucht. Die Verbindung von Sport und Opferkult war also von Beginn an offensichtlich, ebenso wie die Tatsache, dass für die deutschen Organisatoren der Spiele an erster Stelle nicht Freude und Heiterkeit, sondern Pathos und Pomp standen. Das traf auch auf den erstmalig veranstalteten »Fackellauf« zu, mit dem das Olympische Feuer von Athen über zahlreiche Zwischenstationen zum Berliner Olympiastadion getragen wurde, wo der letzte Läufer die olympische Flamme am Marathontor entzündete. Bei diesem Staffellauf über mehr als 3000 Kilometer beteiligten sich 3400 Sportler. Dieses Schauspiel wurde von der NS-Propaganda entsprechend in Szene gesetzt, allen voran von der Filmregisseurin Leni Riefenstahl, die im Auftrag des Propagandaministeriums einen Olympiafilm drehte (→ S. 29).

Die Spiele verzeichneten einen neuen Teilnehmerrekord. Insgesamt hatten sich knapp 4000 Sportler aus 49 Nationen registrie-

◂ Massenspektakel schon am ersten Tag: Ankunft der Fackel im Berliner Lustgarten (o.); Hitlers triumphale Fahrt zur Eröffnungsfeier, 1. August 1936 (u.)

ren lassen, darunter 328 Frauen. Die männlichen Athleten wohnten zusammen im eigens errichteten Olympischen Dorf in Elstal (→ S. 50), die weiblichen waren in verschiedenen anderen Quartieren in der Nähe des Stadions untergebracht. Die deutsche Mannschaft war mit 348 Olympioniken die zahlenstärkste. Jüdische Sportler waren nicht darunter, sie hatte man schon frühzeitig ausgegrenzt; und die jüdische Hochspringerin Gretel Bergmann, die man aufgrund der Boykottdrohungen ins Team aufgenommen hatte, bootete man kurz vor Beginn der Spiele mit fadenscheinigen Argumenten aus (→ S. 24) – als die anderen Sportler angereist waren. Schließlich durfte eine nach den rasseideologischen Kriterien der Nazis als »Halbjüdin« geltende Athletin teilnehmen: die Fechterin Helene Mayer. Sie diente Nationalsozialisten und deutschen Funktionären als Alibi gegenüber dem Ausland, ebenso wie der bekennende Kommunist Werner Seelenbinder, der den 4. Platz im Ringen belegte und später, 1944, als kommunistischer Widerstandskämpfer im Zuchthaus Brandenburg hingerichtet wurde.
Das Reichssportfeld war das Zentrum der Olympischen Sommerspiele. Hier maßen sich die Leichtathleten, die Springreiter, Schwimmer, Wasserspringer und Fechter, die Hockey- und Fußballmannschaften. Aber auch an anderen Orten in Berlin fanden Wettkämpfe statt. So diente die 20 000 Zuschauer fassende Deutschlandhalle als Austragungsort für die Disziplinen Ringen, Boxen und Gewichtheben. Ebenso viele Zuschauer konnten in der Dietrich-Eckart-Freilichtbühne (→ S. 38) die Turnwettbewerbe verfolgen. Die Medaillen im Schießen wurden auf dem nahegelegenen Schießplatz Ruhleben vergeben. Weiter entfernt vom zentralen Reichssportfeld war die Regattastrecke in Berlin-Grü-

nau, die für die Olympiade so erweitert worden war, dass bis zu 9000 Zuschauer die Ruderer und Kanuten anfeuern konnten. Weitab vom Schuss waren dagegen die Segler, die ihre Wettfahrten auf der Kieler Förde absolvierten.

Luftschiff »Hindenburg« über dem Olympiastadion während der Eröffnungsfeier der Spiele; Zeichnung 1936

Bis zum Ende der Spiele am 16. August 1936 wurden in 129 Wettbewerben in 19 Sportarten Medaillen vergeben – neben den Medaillen erhielten die Sieger ein etwa 70 Zentimeter großes Eichenbäumchen im Topf, einen Eichenkranz und eine Urkunde. Zur großen Freude der Nationalsozialisten, die mit den Spielen auch die Überlegenheit der »arischen Rasse« demonstrieren wollten, führte am Schluss Deutschland den Medaillenspiegel an: Mit 33 Gold-, 26 Silber- und 30 Bronzemedaillen lag es klar vor den USA (24-20-12) und schon mit weitem Abstand vor dem drittplatzierten Ungarn (10-1-5). Den deutschen Erfolgen zum Trotz war der eigentliche Sportstar der Spiele der schwarze Leichathlet Jesse Owens (→ S. 56). Der US-Amerikaner siegte auf den beiden Sprintstrecken, im Weit-

Zeitzeugenbericht

Gretel Bergmann (geb. 1914) war eine begabte Sportlerin und stellte bereits mit 17 Jahren einen deutschen Rekord im Hochsprung auf. Als Jüdin musste sie nach der »Machtergreifung« der Nazis ihren Sportverein verlassen und emigrierte nach Großbritannien. Auf Druck des »Reichssportführers« kehrte sie zurück und sollte für Deutschland bei den Olympischen Spielen in Berlin starten, um als »Alibi-Jüdin« die Boykottaufrufe aus den USA zu unterlaufen. Doch wurde sie 1936 schmählich um ihre Teilnahme an den Spielen und eine mögliche Medaille betrogen. 2008 wurde ihr Leben verfilmt; aus demselben Jahr stammen die Auszüge des Interviews, das sie dem United States Holocaust Memorial Museum gab.

»Als ich 19 war, schickte man mich nach England, weil wir keine Zukunft mehr für mich in Deutschland sahen. Und ich wurde dort so etwas wie ein Star. Am Tag der englischen Meisterschaften kam mein Vater, um mir zuzuschauen. Er überbrachte mir die Nachricht, dass ich nach Deutschland zurückkehren müsse. Zuerst wollte ich nicht, aber mein Vater erklärte mir, das könne Ärger für die Familie geben. So entschloss ich mich für die Rückkehr.

Ich fand in Deutschland fürchterliche Bedingungen vor. Juden war es verboten, in Restaurants zu gehen, in Kinos, irgendwohin. Und obwohl ich Mitglied des Deutschen Frauen-Olympia-Teams war, durfte ich kein Stadion betreten. Ich konnte nicht trainieren.

Ich war ausgewählt worden, um Deutschland bei der Olympiade zu repräsentieren. Und ich gehörte von 1934 bis 1936 zur Olympiamannschaft, bis sie mich rausschmissen. Ich habe an drei Wettkämpfen in diesen zwei Jahren teilnehmen dürfen. Und ich habe die anderen immer geschlagen.

Ich glaube, der einzige Grund, warum ich so gut war, war meine Wut. Aber es war eine sehr, sehr harte Zeit, weil ich mich zu Tode ängstigte und immer dachte: Wie werden sie es anstellen, dich loszuwerden. Ich wusste doch, dass sie mich nicht antreten lassen würden. Ich wusste das.

Das war doch nur Propaganda, dass ich als Jüdin am Wettbewerb teilnehmen dürfte. Wie würde das sein – 100 000 Menschen im Stadion, und ein jüdisches Mädchen gewinnt? Ich war überzeugt, dass ich gewinnen würde. Ich übertreibe nicht, das ist die Wahrheit. Und so dachte ich, sie würden vielleicht eines Nachts kommen und mir die Beine brechen oder etwas Ähnliches. Alles war möglich, alles. Ich denke, von dem Moment an, da ich den Brief mit der Nachricht bekam, dass sie mich im Olympiateam haben wollten, überlegten sie, wie sie mich wieder loswerden würden. Sie haben ihnen erzählt, ich sei verletzt und könne daher nicht starten. Aber das war natürlich eine Lüge. Das war alles eine Lüge. [...]

Das hier ist der Brief, den ich, glaube ich, zwei Wochen vor Beginn der Olympischen Spiele bekam und in dem sie mir mitteilten, dass ich nicht gut genug sei und ich daher nicht starten dürfe. Sie hatten gewartet, bis die Amerikaner unterwegs [nach Berlin] waren, da alle davon ausgingen, sie würden nicht mehr umkehren, wenn der Brief mich erreichte. [...] Das war's dann – aus und vorbei. [...]

Ich habe oft geträumt, da waren immer 100 000 Leute, und ich stehe da und warte auf meinen Sprung. Und dann kommt die Aufforderung: »Bereit zum Sprung.« Und ich kann mich nicht bewegen. Ich bin dann immer aufgewacht und war wütend auf mich. Warum kann ich die ganze Geschichte bloß immer noch nicht vergessen. Aber es blieb ein Alptraum für lange Zeit, für sehr lange Zeit.«

Quelle: United States Holocaust Memorial Museum, Interview mit Margaret Lambert (Gretel Bergmann), am 10. April 2008 (Übersetzung aus dem Amerikanischen: Stephan Lahrem)

sprung und mit der 4 x 100-Meter-Staffel. Dass ein Afroamerikaner zum erfolgreichsten Athleten avancierte, ärgerte die Nazis erheblich, weil es so gar nicht in ihr rassistisches Weltbild passte. Dem Publikum war das egal, es bejubelte Jesse Owens ausgiebig. Aber genauso wenig hatte sich die deutsche Öffentlichkeit im Vorfeld der Spiele für den rassenideologisch bedingten Ausschluss von jüdischen Sportlern aus der deutschen Mannschaft interessiert. Die Menschen wollten in Berlin im Sommer 1936 feiern, und das NS-Regime hatte alle Anstrengungen unternommen, dass sie das auch tun konnten.

Während der Spiele waren die Straßen und Plätze der deutschen Hauptstadt festlich geschmückt. Allein 400 000 Reichsmark hatte man für die Verschönerung des öffentlichen Raumes auf der zentralen Achse vom Alexanderplatz bis zum Olympiastadion ausgegeben. Menschenmassen waren Tag und Nacht unterwegs, um sich den Fackellauf anzuschauen, dem »Führer« frenetisch auf seiner Fahrt zur Eröffnung der Spiele zuzujubeln, den Wettkämpfen

Im Zentrum des Interesses, die Leichtathletik: Teilnehmerfeld des 1500-Meter-Laufs (l.); Jesse Owens – vierfacher Goldmedaillengewinner – beim Weltrekordsprung, August 1936 (r.)

und Siegerehrungen beizuwohnen oder sich an dem reichhaltigen Rahmenprogramm zu erfreuen und eine der vielen Kunstausstellungen, Theater- und Opernaufführungen zu besuchen.
Wer sich keine Eintrittskarte leisten konnte oder keine Tickets mehr bekommen hatte, der konnte – ein Novum – die Spiele im Rundfunk live verfolgen. 3000 produzierte Sendungen wurden in 40 Länder übertragen. Noch sensationeller waren die Fernsehaufnahmen, die um die Welt gingen. Erstmalig wurden bewegte Bilder von 175 Wettkämpfen aufgenommen – zusammen mehr als 138 Stunden Videomaterial – und übertragen. Da damals nur wenige Fernsehgeräte existierten, hatte man an einigen Orten eigens Fernsehstuben eingerichtet, so auch in der Sportlerunterkunft im Olympischen Dorf. Zudem berichteten etwa 2000 Journalisten in den klassischen Printmedien über die Spiele. Für auswärtige Besucher standen 250000 offizielle Gäste-Unterkünfte in Berlin zur Verfügung. Um sie anzulocken, hatte man die Preise für Eisenbahnfahrkarten um bis zu 60 Prozent gesenkt. Die Bevölkerung wurde ermahnt, durch angemessenes Verhalten den ausländischen Besuchern ein positives Deutschlandbild zu vermitteln. Kurzum: Das NS-Regime und allen voran das Propagandaministerium unter Joseph Goebbels, der eigens einen Olympia-Propaganda-Ausschuss ins Leben gerufen hatte, gab sich alle Mühe, Deutschland als weltoffenen, toleranten und modernen Gastgeber zu präsentieren.
Zur perfekten Inszenierung gehörte auch, die verbrecherischen Seiten des »Dritten Reiches« unsichtbar zu machen. So waren der Presse schon im Vorfeld der Spiele die sonst inzwischen üblichen Hetzartikel gegen Juden strikt untersagt worden. Antisemitische Parolen mussten für die Dauer der Spiele aus dem Stadtbild ver-

schwinden. Die ebenfalls vom NS-Regime verfolgten Sinti und Roma wurden einige Wochen vor Beginn der Olympiade auf einem »Zigeunerrastplatz Marzahn« am Rande Berlins interniert und so jeder Kontakt zu ihnen unterbunden.

Selbstverständlich konnte jeder, der wollte, wissen, dass die Verfolgung und Unterdrückung unliebsamer Personen während der Olympischen Spiele nur ausgesetzt waren und alsbald wieder aufgenommen werden würden, doch viele ließen sich nur zu gern von den Inszenierungen des Regimes blenden. Dazu zählte auch das Internationale Olympische Komitee. Sigfrid Edström, Präsident des Internationalen Leichtathletik-Verbandes (IAAF) und schwedisches IOC-Mitglied, resümierte stellvertretend für seine Kollegen: »Nie sind so große Spiele abgehalten worden, und nie waren sie so gelungen.«

Die Mehrheit der deutschen Bevölkerung wird ähnlich gedacht haben und wohl auch die meisten der mehr als drei Millionen ausländischen Gäste, die nach Berlin anreisten. Ob sich die Kritiker und Gegner der NS-Diktatur durch das pompöse Spektakel von ihrer Einstellung abbringen ließen, ist dagegen eher zu bezweifeln. Aber auch sie werden wahrscheinlich von den gezeigten organisatorischen, technischen, propagandistischen und sportlichen Fähigkeiten der Deutschen beeindruckt gewesen sein.

Stärke, Opferbereitschaft und Siegeswillen vor aller Welt zu demonstrieren, das war die Absicht des NS-Regimes gewesen. In dieser Hinsicht waren die Spiele ein voller Erfolg, ganz gleich, ob man neue Sympathien gewonnen hatte oder nicht. Wie wenig sich die Nationalsozialisten von der internationalen öffentlichen Meinung beeinflussen ließen, zeigte nicht nur die verbrecherische Politik in den folgenden Jahren: Noch im Sommer 1936 wurde

Leni Riefenstahls Olympiafilme

Während der Olympischen Spiele drehte Leni Riefenstahl (1902–2003) im Auftrag des Propagandaministeriums mit einem Stab von 170 Mitarbeitern die beiden Dokumentarfilme »Fest der Völker« und »Fest der Schönheit«. Das Ergebnis war keine sachliche Dokumentation der Ereignisse, sondern bestach durch zahlreiche propagandistische Elemente und eine Überzeichnung der Athleten. Erstmalig kamen neue Film- und Schnitttechniken zum Einsatz, so auch Unterwasserkameras.
Nach zwei Jahren waren die Filme fertig geschnitten und montiert und wurden an »Führers Geburtstag«, am 20. April 1938, im Berliner Ufa-Palast am Zoo uraufgeführt. Auch wenn die Filme damals mehrheitlich begeistert aufgenommen und im In- und Ausland mit einigen Preisen ausgezeichnet wurden, gehörten auch sie zur gezielten Inszenierung der Nationalsozialisten. Unliebsame Tatsachen waren so geschnitten worden, dass die Politik des NS-Regimes nicht infrage gestellt wurde. Schwarze Athleten beispielsweise kamen im fertigen Film nur dann vor, wenn es sich gar nicht vermeiden ließ.
Deshalb ist bei aller Anerkennung ihrer Filmkunst nicht zu übersehen: Leni Riefenstahl ließ sich wissentlich für die Propagandamaschinerie des NS-Regimes einspannen und setzte sich bis zu ihrem Lebensende nicht kritisch mit ihrer Rolle auseinander.

Leni Riefenstahl mit Kameramann und Assistent bei den Dreharbeiten zum Olympiafilm, 1936

vor den Toren der Stadt Berlin in Oranienburg das Konzentrationslager Sachsenhausen aufgebaut, in dem bis 1945 etwa 200 000 Personen inhaftiert wurden; Zehntausende von ihnen kamen durch Folter, Zwangsarbeit, Krankheit oder Hunger ums Leben. Auf diese und ähnliche Einrichtungen des nationalsozialistischen Repressions- und Vernichtungsapparates sollte die Weltöffentlichkeit nur neun Jahr später erschrocken schauen und erkennen, dass diejenigen recht gehabt hatten, die vor den Spielen zum Boykott aufgerufen hatten.

Zwischen den Sommerspielen und Kriegsende

Am Ende der Spiele wurden am Marathontor, wo sich das Stadionoval in Richtung Maifeld und Glockenturm öffnet, auf beiden Seiten Gedenktafeln für alle Sieger der einzelnen Wettbewerbe angebracht. Dann übergab man das Olympiastadion der »alltäglichen« Nutzung. In den folgenden Jahren diente es immer wieder als imposante Kulisse für politische Massenkundgebungen, so 1937 beim Berlin-Besuch des italienischen Diktators Benito Mussolini, bei Sonnenwendfeiern oder Aufmärschen zum 1. Mai. Auch während des Krieges fanden dort noch Fußball-Länderspiele und das Internationale Stadionfest (ISTAF) vor Zehntausenden von Zuschauern statt.

Am Rande des Reichssportfeldes und der Murellenschlucht wurde 1937/38 noch die Dienstvilla des »Reichsportführers« Hans von Tschammer und Osten gebaut. Gleich daneben entstand 1940 eine Bunkeranlage (Deckname »Herold«), von der aus die Verteidigung des Luftraums im Großraum Berlin organisiert wurde. Mit der Zunahme der alliierten Luftangriffe musste der Befehlsstand in einen massiveren Bau in Zehlendorf umziehen.

Lichtdom über dem Olympiastadion während der Sommerspiele, August 1936

Zur selben Zeit begann man, die unterirdischen Bereiche des Olympiastadions für den zivilen Luftschutz zu nutzen, aber auch als Produktionsstandort der Rüstungsindustrie. Die Firma Blaupunkt produzierte hier unter anderem Röhren und die Henschel-Werke Flugzeugteile.

In den letzten Kriegsmonaten war eine Volkssturmeinheit namens »Reichssportfeld« auf der olympischen Anlage untergebracht. Doch das letzte Aufgebot war auch das noch nicht. Wenige Tage vor Kriegsende wurden auf dem Reichssportfeld knapp 2000 Hitlerjungen zusammengezogen, die das Areal und die beiden Pichelsdorfer Brücken über die Havel gegen die vorrückende Rote Armee sichern sollten. Das kostete mehrere Hundert Hitlerjungen das Leben.

Maifeld

Zwischen dem Olympiastadion und dem Glockenturm (→ S. 34) war 1936 ein gewaltiger Aufmarschplatz eingeweiht worden. Auf dem 270 mal 350 Meter großen Maifeld konnten Großveranstaltungen und Kundgebungen mit bis zu 240 000 Teilnehmern durchgeführt werden. Der an der westlichen Seite des Maifeldes am Fuße des Glockenturms errichtete »Westwall« mit einer Zuschauertribüne bot Platz für weitere 60 000 Zuschauer.
Den Übergang vom Olympiastadion zum Maifeld bildete das Marathontor, das an beiden Seiten von jeweils zwei 36 Meter hohen Türmen flankiert wurde – dem Friesen-, Sachsen-, Franken- und Schwabenturm –, die man für Beobachtungs- und Beleuchtungszwecke nutzte. Vor dem Marathontor mit Blickrichtung auf den Glockenturm hatte man zudem zwei Großskulpturen aufgestellt, die »Rosseführer« des Bildhauers Joseph Wackerle.
Zwar war das Maifeld auch in die Olympischen Sommerspiele einbezogen – dort fand das Dressurreiten und das Poloturnier vor bis zu 70 000 Zuschauern statt, aber auch kulturelle Veranstaltungen –, doch hatte man bei seiner Konzeption vor allem die Zeit danach im Auge. Da mit den Ausbauplänen für das Tempelhofer Feld zum neuen Zentralflughafen die dortige Fläche für Großkundgebungen entfiel, sollten sie künftig auf dem Reichssportfeld organisiert werden können, etwa die traditionellen Mai-Aufmärsche oder Paraden der Wehrmacht.

◀ Adolf Hitler (an der Spitze) mit IOC-Mitgliedern auf dem Weg vom Maifeld zur Eröffnungsfeier der Olympischen Spiele im Olympiastadion, 1. August 1936

Glockenturm mit Langemarckhalle

Auf der architektonischen Hauptachse des Reichssportfeldes – Olympischer Platz, Olympiastadion, Marathontor, Maifeld – steht am westlichen Ende der 76 Meter hohe Glockenturm. Er erhebt sich in der Mitte über den Zuschauertribünen auf der Westseite des Maifeldes (→ S. 33) und wurde ebenfalls nach Plänen von Werner March (→ S. 13), dem Architekten des Reichssportfeldes, errichtet.

Im Mittelgeschoss des Unterbaus vom Glockenturm befindet sich die Langemarckhalle. Der Name bezieht sich auf die Schlacht bei der flandrischen Ortschaft Langemarck. Dort waren am 10. November 1914 bei einem verlustreichen Angriff etwa 2000 junge Kriegsfreiwillige umgekommen; der Heeresbericht wertete am nächsten Tag die Niederlage und pries die Opferbereitschaft der Jugend für die deutsche Nation. In der Weimarer Republik waren es vor allem die Turnerschaften und die Studenten, die Langemarck-Feiern organisierten. Die Nationalsozialisten griffen ihrerseits den Langemarck-Mythos auf und nutzen ihn für ihre Zwecke.

Bei der Konzeption des Reichssportfeldes hatte man auf Vorschlag des Sportfunktionärs Carl Diem von Anbeginn an ein Ehrenmal für die bei Langemarck gefallenen Soldaten eingeplant. Die schließlich unter dem Glockenturm gebaute Langemarckhalle wurde mit zahlreichen Devotionalien – Fahnen, Schilde mit den Bezeichnungen der militärischen Einheiten und einem Schrein mit »blutgetränkter Erde« aus Langemarck – ausgestattet. Offiziell hieß es, man habe das Reichssportfeld als Standort des Ehrenmals ausgewählt, um an die Generation zu erinnern, die

Langemarckhalle im Sockelgeschoss des Turms, 2005

eigentlich bei den Olympischen Sommerspielen 1916 hätte teilnehmen sollen, stattdessen aber auf den Schlachtfeldern des Ersten Weltkriegs gefallen war. Doch für die Nationalsozialisten stand die Verknüpfung von Sport, Krieg und Opferbereitschaft im Vordergrund.

Transportvehikel für die Olympiaglocke, Anfang 1936

Der Glockenturm, während der Spiele auch als »Führerturm« bezeichnet, ermöglichte den Organisatoren, aber auch den Ordnungs- und Polizeikräften einen guten Überblick über das Geschehen auf dem Reichssportfeld. Unterhalb der Zuschauertribünen lagerte man im Bombenkrieg Akten aus, auch Teile des Reichsfilmarchivs wurden dort in Sicherheit gebracht. Als Soldaten der Roten Armee in Berlin einmarschierten, sprengten sie aus Unkenntnis über das eingelagerte Gut die nun als Archiv genutzten Räume auf. Blitzschnell breitete sich das Feuer im gesamten Gebäude aus, da der Turm einen idealen Abzug darstellte. Weil der Brand die Stabilität des Gebäudes zerstört hatte, wurde er 1947 von britischen Pionieren gesprengt und vollständig eingeebnet.
Doch nur 13 Jahre später erteilte die Bundesregierung, nachdem Teile des ehemaligen Reichssportfeldes von der britischen Besat-

Glockenturm: Im oberen Teil des Sockelgebäudes befindet sich die Langemarckhalle, 2010

zungsmacht freigegeben worden waren, den Auftrag, den Glockenturm nach den originalen Bauplänen wiederzuerrichten. Die Bauarbeiten dauerten zwei Jahre und verschlangen knapp 1,2 Millionen DM. Die originale Glocke, die vor der Sprengung nicht demontiert worden und dann auf dem Vorplatz vergraben worden war, hatte man bereits Ende der 1950er Jahre geborgen. Sie steht heute neben dem Olympiastadion in der Nähe des Coubertin-Platzes; der neue – rund einen Meter höhere – Glockenturm erhielt 1962 eine leichtere Glocke und wurde zur Fußballweltmeisterschaft 2006 für sieben Millionen Euro saniert.

Unter der Langemarckhalle befindet sich im Sockelgeschoss des Gebäudes seit 2006 eine vom Deutschen Historischen Museum konzipierte Ausstellung zum »Geschichtsort Olympiagelände 1909 – 1936 – 2006«.

Dietrich-Eckart-Freilichtbühne / Waldbühne

Am westlichen Ende des Reichssportfeldes entstand am Rande der Murellenschlucht die 20000 Zuschauer fassende Dietrich-Eckart-Freilichtbühne. Der Namensgeber war ein früher Freund und Mentor Adolf Hitlers gewesen und bereits 1923 im Alter von 55 Jahren verstorben. Wegen seiner Unterstützung der NSDAP wurden von den Nationalsozialisten zahlreiche Einrichtungen nach ihm benannt.

Die Freilichtbühne auf dem Reichssportfeld war eines von vielen Amphitheatern, die damals im »Dritten Reich« gebaut wurden. Zumeist sollten sie als »Thingstätte« fungieren. Der Thingkult war eine der obskuren Anleihen, die der Nationalsozialismus bei den Germanen machte, bei denen das Wort »Thing« Volks- oder Gerichtsversammlungen bezeichnete. Mithilfe der Thingbewegung sollten nun die deutschen Zeitgenossen in zumeist imposanter Naturkulisse die Volksgemeinschaft erleben. Diese Bewegung bestand aber nur wenige Jahre und konnte sich weder in der Bevölkerung noch in der NSDAP durchsetzen, da sich andere Propagandainstrumente besser zur Massenbeeinflussung eigneten. Während der Olympischen Sommerspiele diente die Bühne als Austragungsort für die Turnwettbewerbe. Im kulturellen Rahmenprogramm für Gäste und Athleten führte man dort zudem verschiedene Theaterstücke auf, darunter auch die völkische Theateraufführung »Frankenburger Würfelspiel«.

Als die britische Armee nach dem Zweiten Weltkrieg auf dem Reichssportfeld Quartier bezog, machte sie bald schon die Freilichtbühne, die nun Waldbühne hieß, wieder der Öffentlichkeit zugänglich, wo Filmvorführungen, Konzerte und Sportveranstal-

Aufführung des »Frankenburger Würfelspiels« von Eberhard Wolfgang Möller in der Dietrich-Eckart-Freilichtbühne, Zeichnung, 1936

tungen stattfanden. Im Zuge von Umbaumaßnahmen ab 1981/82 entstand die Zeltkonstruktion über der Bühne, die sich zu einer der beliebtesten Open-Air-Spielstätten in Deutschland entwickelte.

Denkzeichen zur Erinnerung
an die Ermordeten der
NS-Militärjustiz am Murellenberg
in Berlin-Charlottenburg
von Patricia Pisani
Senatsverwaltung für Stadtentwicklung
Kunst im Stadtraum, 2001

Murellenschlucht

Die Murellenschlucht am Rand des Reichssportfeldes wurde im letzten Kriegsjahr zu einem Schreckensort. Denn dort befand sich der »Erschießungsplatz V der Deutschen Wehrmacht«.
In den letzten Kriegsmonaten und im Angesicht einer bevorstehenden Niederlage verhängten Stand- und Kriegsgerichte im »Dritten Reich« noch Tausende von Todesurteilen gegen sogenannte Wehrkraftzersetzer und Fahnenflüchtige, aber auch gegen politisch Verfolgte.
In der Murellenschlucht sind zwischen August 1944 und April 1945 mindestens 232 Todesurteile vollstreckt worden. Die Exekutierten wurden in mehreren Sammelgräbern in der Umgebung anonym verscharrt, so etwa in einem Wäldchen bei Engelsfelde oder auf dem Spandauer Friedhof.
Bereits 1994 gründete sich auf Initiative der Evangelischen Kreissynode Charlottenburg und einzelner Bürger eine Arbeitsgruppe, um dort einen Gedenkort einzurichten, was sich wegen unklarer Finanzierung viele Jahre hinzog. Doch seit 2002 erinnern an einem Pfad durch die Murellenschlucht 104 Verkehrsspiegel an die hier begangenen Verbrechen, auf 16 von ihnen sind Texte und Zitate mit Bezug auf die Geschichte des Ortes eingraviert. Der »Denkzeichenweg« befindet sich versteckt in der Murellenschlucht. Da der historische Ort der Hinrichtungen sich auf einem noch heute genutzten Ausbildungsgelände der Polizei befindet, kann er nicht in die Gedenkarbeit miteinbezogen werden, was nach wie vor auf Kritik stößt.

◀ »Denkzeichenweg« in der Murellenschlucht, 2019

Aus dem Schatten Hitlers: Das Olympiagelände seit 1945

Hauptquartier der Britischen Streitkräfte

Nach dem Zweiten Weltkrieg wurde Deutschland in vier Besatzungszonen und Berlin in vier Sektoren aufgeteilt, in denen die Siegermächte USA, Sowjetunion, Großbritannien und Frankreich das politische und öffentliche Leben überwachten. Der britische Sektor umfasste den Südwesten der Stadt, in dem auch das Reichssportfeld lag. Die Briten hatten das Gelände im Sommer 1945 besetzt und richteten 1952 hier auch ihr Berliner Hauptquartier ein.

Fast alle Gebäude oder Sportanlagen waren durch den Krieg beschädigt worden. Weitere Schäden entstanden bei Sicherungsmaßnahmen oder bei der Zerstörung von militärisch genutzten Einrichtungen wie etwa der Sprengung des Blaupunkt-Bunkers. Auch der Glockenturm samt Langemarckhalle musste 1947 wegen Einsturzgefahr gesprengt werden, wurde aber später wieder aufgebaut (→ S. 15).

Die britische Besatzungsmacht machte schrittweise bestimmte Teile des Reichssportfeldes wieder für die Öffentlichkeit zugänglich. So wurde das inzwischen in Waldbühne unbenannte Amphitheater ab 1947 für Profiboxkämpfe freigegeben. Im Olympiastadion hatte 1945 und 1946 jeweils ein Leichtathletiksportfest der alliierten Soldaten stattgefunden, 1947 betraten erstmals wieder Fußballer den Rasen. Ab 1949 übergaben die Briten das Stadion, die Ruine des Glockenturms und die Waldbühne den

NS-Insignien wurden bei der Umgestaltung des Reichssportfeldes nach dem Krieg konsequent entfernt, 2005

Militärparade auf dem Maifeld am Geburtstag der Queen, 1986

West-Berliner Behörden. Das übrige Areal blieb bis zum Abzug der britischen Truppen 1994 militärisches Sperrgebiet.
So auch das ehemalige Sportforum, das ab 1952 zum Zentrum des britischen Hauptquartiers wurde, wo sich verschiedene militärische Stäbe, Fernmeldeeinheiten, Nachrichtendienste, aber auch die Militärpolizei einquartierten. Kriegsbedingte Schäden wie etwa am Friesenhaus oder der Turnhalle wurden sukzessive behoben, manches auch dem schon Bestehenden hinzugefügt. Der Friesenhof zum Beispiel erhielt einen Garagentrakt und das Sportforum 1965 eine 20 Meter hohe Antenne. Bei den Bauarbeiten wurden auch zahlreiche architektonische Details aus der NS-Zeit entfernt, insbesondere noch vorhandene Hakenkreuze, wäh-

rend die steinernen Statuen blieben. Bronzestatuen und -tafeln, die sich einstmals auf dem Reichssportfeld befunden hatten, waren schon direkt nach Kriegsende von Schrottdieben mitgenommen worden. Die großen Bronzeplastiken »Stier« und »Kuh« von Adolf Strübe (vor den Übungsschwimmbecken am Jahnplatz) sind nur erhalten, weil sie in unmittelbarer Nähe des britischen Hauptquartiers standen.

Auch das nahe Maifeld wurde von den britischen Streitkräften genutzt, die dort Polo, Rugby oder Kricket spielten, aber auch militärische Paraden veranstalteten. Heute gibt es nur noch wenige bauliche Details, die in den Gebäuden oder auf dem Gelände an die Zeit der britischen Nutzung erinnern.

Restaurierung und Umbau des Olympiastadions

Auch wenn das Olympiastadion wie kein anderes Bauwerk auf dem ehemaligen Reichssportfeld an die Zeit des Nationalsozialismus erinnerte, kam ein Abriss nicht in Frage, nachdem es 1949 an die deutschen Behörden übergeben worden war. Der Grund war nicht zuletzt, dass es im abgeschnittenen West-Berlin keine vergleichbare Sportanlage gab und auch kein Geld für einen Neubau. In mehreren Bauschritten wurde daraufhin die historische Bausubstanz ab 1954 erhalten oder restauriert. Dabei wurden auch nationalsozialistische Spuren beseitigt, etwa die Hakenkreuz-Embleme an den beiden Türmen des Olympischen Tors entfernt und 1957 die »Führerloge« im Stadion eingekürzt.

Inzwischen war das Olympiastadion längst wieder zu einem Ort für von Zehntausenden besuchten Sportveranstaltungen geworden. Obwohl es 1966 unter Denkmalschutz gestellt wurde, ließ man ein Jahr später – gegen den Willen des Architekten Werner March – eine knapp 100 Meter hohe Flutlichtanlage bauen und 1970 eine erste teilweise Überdachung.

Trotz der gescheiterten Olympiabewerbung Berlins für die Sommerspiele 2000 entschloss sich der Berliner Senat am 26. Mai 1998 zum Umbau des Stadions zur Multifunktionsarena, der zwischen 2000 und 2004 erfolgte. Unter hohen Auflagen der Denkmalschutzbehörde wurden die originalen Natursteine einzeln gesäubert, der Innenraum um etwa zweieinhalb Meter abgesenkt und der unterirdische Bereich komplett umgebaut, erweitert und modernisiert. Das sichtbarste Zeichen der Modernisierung ist das neue spektakuläre Stadiondach, das über dem Marathontor ausgespart wurde, um die historische Sichtachse zu erhalten.

Das Olympiastadion in Berlin, 2019

Die Umbaukosten beliefen sich auf 242 Millionen Euro. Seitdem ist das Olympiastadion eine der modernsten Sportstätten in Deutschland mit offiziell 74 244 Sitzplätzen. Es bietet Raum für Großveranstaltungen unterschiedlichster Art: vom Internationalen Stadionfest (ISTAF) der Leichathleten über Musikkonzerte, Kirchentage bis zur Papst-Messe. Hauptnutzer ist jedoch seit 1963 der Berliner Fußballverein Hertha BSC, der alle Heimspiele im Olympiastadion austrägt. Da der Mietvertrag für den Fußballclub 2025 ausläuft, ist der Verein aktuell auf der Suche nach einer neuen Spielstätte. Nach einer Analyse von über 50 möglichen Standorten in und um Berlin favorisiert der Verein einen Neubau in direkter Nachbarschaft auf dem Gelände des Olympiaparks. Bis 2025 soll hier eine reine Fußballarena mit 55 000 Plätzen entstehen.

Kuppelsaal im Haus des Deutschen Sports (o.) und Statue in der Pfeilerhalle am Jahnplatz (u.), 2013

Olympiapark Berlin und Haus des Deutschen Sports (Sportmuseum)

Mit dem Abzug der Alliierten aus Berlin stand auch das ehemalige Deutsche Sportforum ab 1994 wieder dem Berliner Senat zur Verfügung, der das Areal nördlich und westlich des Olympiastadions zum heutigen Olympiapark Berlin ausbauen ließ. An der Nordseite umschließen die Gebäude des ehemaligen Sportforums den Jahnplatz auf drei Seiten: das Haus des Deutschen Sports, das Turnhaus und das Schwimmhaus, Letzteres genutzt von den Wasserfreunden Spandau 04, deren Wasserballmannschaft eine der erfolgreichsten Vereinsmannschaften in Europa ist.

Im Haus des Deutschen Sports mit seinem imposanten Kuppelsaal ist unter anderem das Sportmuseum Berlin untergebracht, das aber in naher Zu-

Jahnplatz mit Schwimm- (r.) und Turnhaus (l.), im Hintergrund die Pfeilerhalle, 2013

kunft mit seiner umfangreichen Sammlung von rund 100 000 Objekten, 70 000 Büchern, Zeitungen und Zeitschriften sowie knapp 1,5 Millionen Fotos in den unterirdischen Teil der nördlichen Maifeldtribüne umziehen soll. In den angrenzenden Gebäuden am Friesenhof befindet sich auch die Geschäftsstelle von Hertha BSC, die zahlreichen Sportplätze des Olympiaparks Berlin nutzen verschiedene Vereine.

In der Nähe des Westtors steht noch heute die ehemalige Dienstvilla des »Reichssportführers« Hans von Tschammer und Osten, die nach dem Krieg der britischen Besatzungsmacht als Offizierskasino diente; am benachbarten Hang zur Murellenschlucht sind die Überreste des Luftschutzbunkers »Herold« zu sehen, von dem im Zweiten Weltkrieg die Luftverteidigung im Großraum Berlin koordiniert wurde.

Das Olympische Dorf Elstal

Quartier der Athleten

Während die über 300 Athletinnen, die an den Olympischen Sommerspielen 1936 teilnahmen, vornehmlich auf dem Reichssportfeld im Friesenhaus untergebracht wurden, entstand für die männlichen Sportler mit ihren Trainern und Betreuern eine eigene Siedlung in Elstal. Für dieses »Olympische Dorf« an der Ausfallstraße von Berlin in Richtung Nauen, etwa 15 Kilometer westlich vom Reichssportfeld gelegen, hatte man ein Gelände gewählt, das ursprünglich zum Truppenübungsplatz Döberitz gehörte. Die Standortwahl war bereits ein Hinweis auf die geplante militärische Nachnutzung der Liegenschaft.

Das Olympische Dorf in Elstal, Luftaufnahme ca. 1936

In knapp zwei Jahren entstand ab 1934 eine komplexe Anlage auf der 550 000 Quadratmeter großen Fläche: Neben 141 Wohnhäusern wurden Sozial-, Gemeinschafts- und Trainingsgebäude errichtet. Planung und Bauaufsicht lagen bei Werner March (→ S. 13), der auch für Olympiastadion und Reichssportfeld verantwortlich war. Die Gestaltung des Dorfes erfolgte in enger Abstimmung mit militärischen Beratern. Anders als die aus Holz errichteten bisherigen Olympischen Dörfer bei Paris (1924) oder Los Angeles (1932) waren die Unterkünfte der Ahtleten in Elstal massive Ziegelbauten. Als die Bauarbeiten fast abgeschlossen waren, meldeten sich im Frühjahr 1936 weit mehr Sportler an als geplant. 400 zusätzliche Betten konnten durch eine veränderte Möblierung in den einzelnen Häusern aufgestellt werden. Trotzdem fehlten immer noch Schlafplätze für mehr als 1000 Olympioniken und ihre Begleiter, die schließlich in einer nahen Flakkaserne untergebracht wurden, die man für die Zeit der Spiele räumte.

Es gab noch eine zweite Panne: Nach der Fertigstellung des Olympischen Dorfes konnten es interessierte Bürger zwischen dem 1. Mai und dem 15. Juni 1936 besichtigen. Der Ansturm war enorm. Knapp 370 000 Menschen nutzten diese Gelegenheit – und verursachten zahlreiche Schäden. Der bisherige Kommandant Wolfgang Fürstner, Hauptmann der Wehrmacht, wurde zum Vizekommandanten degradiert (→ S. 53) und durch Oberstleutnant Werner Albrecht Freiherr von und zu Gilsa ersetzt, der später einer der Mitwisser des Attentats auf Hitler am 20. Juli 1944 war. Am 20. Juni 1936 bezogen die ersten japanischen Athleten das idyllisch gelegene Dorf, das offiziell erst am 1. Juli 1936 dem Nationalen Organisationskomitee übergeben wurde.

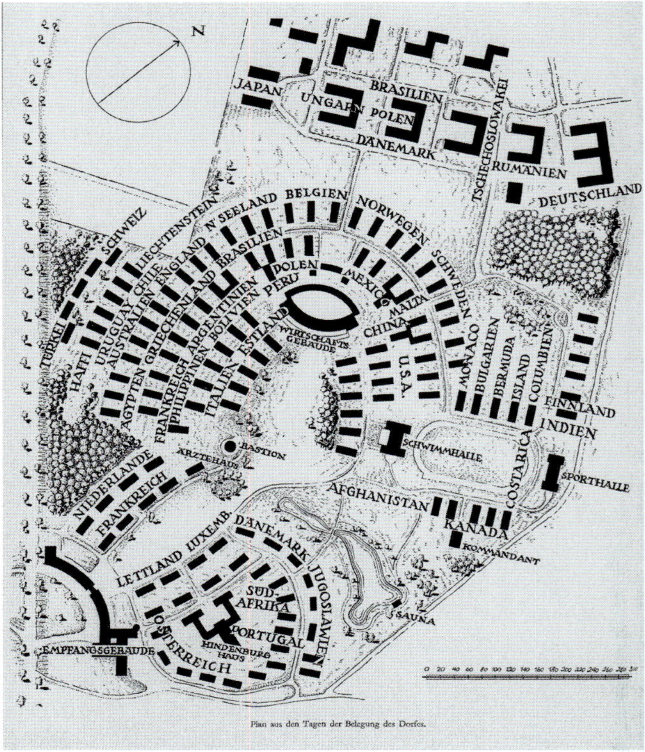

Belegungsplan des Olympischen Dorfes, 1936

Der Selbstmord des degradierten Kommandanten

Die Rassenideologie der Nationalsozialisten machte auch nicht vor verdienten Persönlichkeiten des Regimes halt. Der sportbegeisterte Offizier Wolfgang Fürstner (1886 – 1936), seit 1927 NSDAP-Mitglied, wurde 1934 zum Kommandanten des im Aufbau befindlichen Olympischen Dorfes bei Elstal bestimmt.
Die standardmäßige Überprüfung aller Reichswehrangehörigen ergab 1935, dass Fürstner auch jüdische Vorfahren hatte – ein Schock für den überzeugten Nationalsozialisten. Kurz vor Beginn der Spiele verlor er seinen Posten und wurde durch Freiherr von und zu Gilsa ersetzt. Offiziell hieß es, Fürstner habe es bei den Tagen der Offenen Tür, bei denen die Anlage des Olympischen Dorfes beschädigt worden war, an Aufmerksamkeit fehlen lassen. Da er in den Jahren zuvor als Mitglied des Olympischen Komitees wichtige Kontakte zu Journalisten und Funktionären im Ausland geknüpft hatte, durfte er Stellvertreter Gilsas bleiben.
Nur drei Tage nach dem Ende der Spiele erschoss sich Fürstner im Olympischen Dorf mit einer Pistole. Vermutlich kamen mehrere Gründe für seine Verzweiflungstat zusammen: seine Abberufung, die Entdeckung seiner jüdischen Wurzeln, aber auch Eheprobleme. Das deutsche Propagandaministerium verhängte eine Nachrichtensperre, lediglich einige ausländische Medien berichteten über Fürstners Freitod.
2002 wurde ein vom Nationalen Olympischen Komitee gestifteter Erinnerungsstein auf dem Berliner Invalidenfriedhof zu Ehren Fürstners aufgestellt.

Führung durch das Olympische Dorf: (v. l. n. r.) Wolfgang Fürstner, Hitler-Stellvertreter Rudolf Heß und dessen Adjutant Alfred Leitgen, 1936

Die einzelnen Gebäude des idyllisch gelegenen Olympischen Dorfes, das nach dem Einzug der ersten Athleten für die Dauer der Spiele hermetisch von der Öffentlichkeit abgeriegelt wurde, trugen zur besseren Orientierung der Sportler die Namen deutscher Städte und waren entsprechend der geografischen Lage in Deutschland auch auf dem Gelände verteilt.

Das Zentrum des Sportler-Dorfes bildete das »Speisehaus der Nationen« (Haus Berlin). Das rund 130 Meter lange Gebäude bestand aus zwei konkaven Bauteilen, in deren Zentrum sich ein ovaler begrünter Innenhof befand. In den 38 Speisesälen konnten die Sportler im Schichtbetrieb versorgt werden. Zu jedem Saal gehörte eine eigene Küche. Knapp 200 Köche waren in der Zeit der Spiele für das leibliche Wohl der Athleten zuständig. Von der Terrasse vor dem Gebäude hatte man einen herrlichen Blick über das Olympische Dorf bis hin zum Olympiastadion.

Das Hindenburghaus in der Nähe des Eingangsbereiches war neben dem Speisehaus der Treffpunkt der Athleten. In einem großen Raum wurden erstmalig in der Geschichte der Olympischen Spiele Wettkämpfe durch neue Techniken live als bewegte Bilder übertragen. Dort befanden sich auch einige Verwaltungseinrichtungen des Dorfes, ebenso wie im zentralen Empfangs- und Verwaltungstrakt, wo es eine Post, eine Gaststätte und kleine Einkaufsläden gab.

Von den 141 Wohnhäusern waren 136 ein-, die anderen zweistöckig. In den Unterkünften wohnten in der Regel zehn bis zwölf Athleten, die sich die Sanitäreinrichtungen teilten. In den Kellern einiger Häuser gab es Luftschutzeinrichtungen.

Auf dem Gelände gab es noch einen Sportplatz, eine Turnhalle sowie ein modernes Schwimmbad. Für die medizinische Versor-

Empfangsgebäude an der Hamburger Chaussee, 1936 (o.); Sportstätten des ehemaligen Olympischen Dorfes, im Hintergrund die Turnhalle, 2007 (u.)

Jesse Owens (1913 – 1980)

Jesse Owens hatte schon vor 1936 von sich reden gemacht, als er auf einer Sportveranstaltung in Michigan im Mai 1935 binnen 45 Minuten drei Leichtathletik-Weltrekorde aufstellte und einen egalisierte. Bei den Olympischen Spielen, zu denen er zunächst aufgrund der in Deutschland herrschenden Diskriminierung von Schwarzen und Juden nicht hatte fahren wollen, wurde er seiner Favoritenrolle gerecht und gewann vier Goldmedaillen. Das Publikum ließ sich von der Rassenideologie der NS-Führung nicht abhalten und jubelte dem afroamerikanischen Athleten zu.

Um zu verhindern, dass die Begeisterung politisch gefährlich wurde und die Bevölkerung zu den Sportlern eigenständig Kontakt aufnahm, kontrollierte die Gestapo die eingehende Post der Olympioniken. So wurden 74 Briefe, die an verschiedene Athleten im Olympischen Dorf in Elstal adressiert waren, beschlagnahmt. Darunter befand sich auch einer, in dem Jesse Owens aufgefordert wurde, aus Protest gegen die Rassenverfolgung im nationalsozialistischen Deutschland die Annahme von Medaillen zu verweigern. Dieser Brief hat Owens nie erreicht.

Die Unterkunft, die Jesse Owens 1936 im Olympischen Dorf bewohnte, wurde im Jahr 2010 originalgetreu wieder hergerichtet und eine Ausstellung mit zahlreichen Fotos und Informationen zum US-Athleten eröffnet.

Idyllisch gelegenes Saunahaus des Olympischen Dorfes am Waldsee, 1936

gung der Sportler stand ein gut eingerichtetes Ärztehaus mit unterschiedlichsten Fachärzten zur Verfügung. Ein ehemaliger verlandeter Wasserlauf war zu einem Badesee mit angeschlossener Sauna ausgebaut worden. Obwohl einige der ausländischen Athleten vor den Spielen Bedenken hatten, ob sie an Olympischen Spielen im nationalsozialistisch regierten Deutschland teilnehmen sollten, zeigten sich die meisten von ihnen beeindruckt von der Inszenierung und Propaganda des NS-Regimes und bewerteten die sportlichen Wettkämpfe, die Unterbringung in Elstal und die Organisation positiv.

Nach den Olympischen Sommerspielen wurde das Olympische Dorf geringfügig umgebaut, um dort ab Dezember 1936 eine Infanterieschule der Wehrmacht unterzubringen. Im Rahmen der Kriegsvorbereitung wurde das Speisehaus der Nationen nur wenige Monate später ebenfalls umgewidmet und diente ab August 1937 als militärisches Lazarett (»Olympialazarett«).

◀ Befreundete Konkurrenten im Weitsprung: Jesse (eigentlich James Cleveland) Owens (USA, r.) und Luz (eigentlich Carl Ludwig) Long (Deutschland), 1936

Sowjetische Garnison

Im Frühjahr 1945 endete zunächst die militärische Nutzung des Areals. Zahlreiche Gebäude des ehemaligen Olympischen Dorfes dienten zwischen 1945 und 1949 deutschen Flüchtlingen als Notquartier, nachdem der Bombenkrieg in Berlin fast den gesamten städtischen Wohnraum zerstört hatte. Dagegen war das Olympische Dorf im Krieg kaum beschädigt worden. Das architektonisch interessante Empfangsgebäude an der Hamburger Chaussee wurde nach Ende des Zweiten Weltkrieges abgetragen, um Baumaterial zu gewinnen.

Während in einigen Häusern noch Flüchtlinge wohnten, nutzten ab 1947 schon sowjetische Soldaten, zum Teil mit ihren nachgereisten Familien, andere Gebäude als Unterkunft. Die Stationierung verschiedener sowjetischer Einheiten in Elstal und den ehemaligen Kasernen in unmittelbarer Umgebung des Dorfes brachte eine veränderte Nutzung der Funktionsgebäude mit sich. Das ehemalige Speisehaus der Nationen diente zuerst als Offiziersschule, ab den 1970er Jahren dann als Trainingszentrum des Armeesportklubs. Den kulturellen Mittelpunkt des Geländes bildete nach wie vor das ehemalige Hindenburghaus, das zum »Haus der Offiziere« umgestaltet wurde. Noch heute

Ein sowjetisches Propagandabild, das Lenin zeigt, im Hindenburghaus, 2013

zieren einige sowjetische Propagandabilder die Wände. Aus Platzgründen riss man ab Mitte der 1970er Jahre viele Unterkunftsbaracken ab und errichtete dort Plattenbauten.

Eine zentrale Rolle auf dem Gelände spielte der Sowjetische Armeesportklub (SASK) Elstal: Hochleistungssportler aus der Sowjetunion nutzten über mehrere Jahrzehnte während ihres Wehrdienstes das Areal für Trainingszwecke. Daneben standen ihnen auch noch Einrichtungen aus der Zeit des Olympischen Dorfes wie etwa die Schwimm- und Sporthalle und der Sportplatz zur Verfügung. Im Rahmen der Deutsch-Sowjetischen Freundschaft durften die Trainingsstätten – wenn auch begrenzt – von lokalen Sportvereinen aus den benachbarten Orten Nauen und Falkensee genutzt werden. Mit der Wiedervereinigung beider deutschen Staaten wurde auch der Abzug der Besatzungsmächte beschlossen. Die Sowjetarmee räumte ab Herbst 1991 die Anlagen in Elstal und übergab im Mai 1992 das gesamte Areal den deutschen Behörden.

Die in den 1970er Jahren errichteten Plattenbauten, 2013

Erinnerungsort

Nach dem Truppenabzug gingen das ehemalige Olympische Dorf und die umliegenden Bereiche Ende 1993 in die Hände der Landesentwicklungsgesellschaft für Städtebau, Wohnen und Verkehr über, die das gesamte Areal für Wohnzwecke umwandeln wollte. Der Investitionsbedarf für die geplanten 3000 Wohneinheiten betrug 1,6 Milliarden DM. Da ein Gesamtinvestor nicht zu finden war, begnügte man sich in der Zwischenzeit mit Aufräumarbeiten durch ABM-Kräfte. Zwei Tochtergesellschaften der Deutschen Kreditbank (DKB) kauften 1998 das Olympische Dorf und ließen die umliegenden Kasernenbauten schrittweise zu modernen Wohnungen umbauen; dieser Prozess wird erst in den kommenden Jahren abgeschlossen sein.
Die »DKB-Stiftung für gesellschaftliches Engagement« kümmert sich seit 2004 um die Sicherung, den Erhalt und Ausbau des inzwischen denkmalgeschützten Ensembles. Bei einem ersten Tag der offenen Tür im September 1996 kamen bereits mehrere Tausend Besucher auf das bis dahin sonst gesperrte Areal. Seit dem Frühjahr 2006 ist das ehemalige Olympische Dorf nun wieder zugänglich und kann im Rahmen von geführten Rundgängen besichtigt werden. Durch den 2017 begonnenen Bau neuer Wohnungen für bis zu 3000 Menschen im Bereich des einstigen Speisehauses der Nationen können aktuell nur noch das Hindenburghaus, die Turnhalle sowie die Schwimmhalle besichtigt werden. In letzterer informiert eine Ausstellung über die Historie des Areals.

Heutiger Erinnerungsort Elstal: Jesse-Owens-Haus (o. l.), sanierte Schwimmhalle (o. r.). Auf dem Gelände des ehemaligen Olympischen Dorfes werden neue Wohnungen gebaut (u.), 2019

Chronik Reichssportfeld

1931	Vergabe der XI. Olympischen Sommerspiele 1936 nach Berlin
1933–1936	Bauarbeiten am Reichssportfeld samt Olympiastadion
1936–1940	Nutzung als Sportstätte und für Massenkundgebungen
1940–1945	Rüstungsproduktion im unterirdischen Bereich des Stadions
1945–1993	Nutzung des Areals durch das britische Militär
1947	Sprengung des Glockenturms
1949	Schrittweise Übergabe u.a. des Stadions an den West-Berliner Sena
1961–1962	Wiederaufbau des Glockenturms
1966	Das Olympiastadion wird unter Denkmalschutz gestellt
2000–2004	Umfangreiche Sanierung des Olympiastadions

Chronik Olympisches Dorf Elstal

1934–1936	Bau des Olympischen Dorfes
1936–1945	Standort der Wehrmacht (Infanterieschule und Lazarett)
1945–1992	Sowjetische Garnison
1993	Das Olympische Dorf wird unter Denkmalschutz gestellt
1993–2004	Leerstand
seit 2004	Teilweise Umwandlung in ein öffentliches Freiluftmuseum sowie in ein Wohnungsareal

Adressen

Besucherzentrum Olympiastadion
Olympischer Platz
14053 Berlin
www.olympiastadion-berlin.de
Angebot: Führungen und eigene Besichtigungen täglich möglich. Achtung: Bei Veranstaltungen nur eingeschränkt zugänglich!

Glockenturm
Glockenturmstraße
14053 Berlin
www.glockenturm.de
Angebot: Großartige Aussicht vom Glockenturm über das ganze Gelände; verschiedene Ausstellungen im Sockelgeschoss.

Olympisches Dorf Elstal
Rosa-Luxemburg-Allee
14641 Wustermark
Führungen nach vorheriger Anmeldung siehe Webseite:
www.dkb-stiftung.de/event/fuehrungen-durch-das-olympische-dorf-2/

Geschichtsverein Historia Elstal e. V.
Ernst-Walter-Weg 40
Ortsteil Elstal
14641 Wustermark
www.historia-elstal.de
Angebot: Führungen durch Elstal und zum Rangierbahnhof Wustermark.

Literatur

Biermann, Kai / Cielewicz, Erhard: Flugplatz Döberitz – Geburtsort der militärischen Luftfahrt in Deutschland, Berlin 2005.
Bild-Text-Band zur militärischen Entwicklung der Döberitzer Heide.

Dost, Susanne: Das Olympische Dorf 1936 im Wandel der Zeit, Berlin 2004.
Reich bebildeter Band zur Geschichte des Olympischen Dorfes Elstal.

Emmerich, Alexander: Olympia 1936. Trügerischer Glanz eines mörderischen Systems, Köln 2011.
Opulent und zugleich kritisch.

Fuhrer, Armin: Hitlers Spiele. Olympia 1936 in Berlin, Berlin 2011.
Schöner Bild-Text-Band.

Kluge, Volker: Olympiastadion Berlin, Berlin 2009.
Sehr informative Publikation mit beeindruckenden aktuellen Fotos.

Kluge, Volker: Olympiastadion Berlin. Steine beginnen zu reden, Berlin 1999.
Bildband zur Geschichte der Sport- und Wettkampfstätte.

Olympia 1936. Band I: Die Olympischen Winterspiele / Vorschau auf Berlin. Band II: Die XI. Olympischen Spiele in Berlin 1936, Altona-Bahrenfeld 1936.
Sammelalben des Cigaretten-Bilderdienstes zu den Olympischen Winter- und Sommerspielen 1936.

Olympiastadion Berlin GmbH (Hg.): Olympiastadion Berlin. Menschen und Geschichten über die Große Runde, Düsseldorf 2004.
Sportler und bekannte Persönlichkeiten berichten über das sanierte Olympiastadion Berlin.

Rother, Rainer (Hg.): Geschichtsort Olympiagelände 1909 – 1936 – 2006, Berlin 2006.
Begleitband zur gleichnamigen, vom Deutschen Historischen Museum konzipierten Ausstellung im Glockenturm.